रस प्रवाह

हर्षिता सोनी

डायमंड बुक्स
www.diamondbook.in

प्रकाशक : डायमंड पॉकेट बुक्स (प्रा.) लि.
X-30, ओखला इंडस्ट्रियल एरिया, फेज-II
नई दिल्ली-110020
फोन : 011-40712200
ई-मेल : sales@dpb.in
वेबसाइट : www.diamondbook.in

RAS PRAVAH
By : Harshita Soni

✿ रस-प्रवाह ✿

I bow down to my Guru
I bow down to Mahakal

The call of soul in the form of
rising aspirations and the
desending of grace from Guru Consciousness.
Ras Pravah is not written by engaging mind.
Ras Pravah is the result of silent prayers.

❖ ❖ ❖

जूनापीठाधीश्वर आचार्य महामंडलेश्वर स्वामी अवधेशानंद गिरी जी

जूना महाकाल उज्जैन

महाकालेश्वर उज्जैन में स्वामी श्री अवधेशानंद गिरी जी

Junapeethadheeshwar Acharya
Mahamandleshwar
Swami Avdheshanand Giri

Founder :
Prabhu Premi Sangh Charitable Trust
Prabhu Prem Ashram, Jagadhari Raod,
Ambala Cantt. 133 006 (Haryana) INDIA
Phones : +91 171 2699335
Fax : +91 171 2699367
Website : www.prabhupremisangh.org
e-mail : pps.ambala@gmail.com
prabhuprem@hotmail.com
/ AvdheshanandG

President
Hindu Dharma Acharya Sabha
The Voice of Collective Consciousness

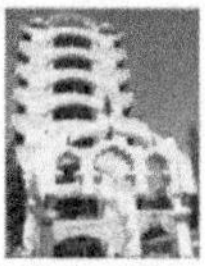

President
Bharat Mata Mandir
Samanvay Seva Trust
Samanvay Kutir, Sapt Sarovar,
Bhupatwala, Haridwar - 249 410
Ph. +91-1334-260256; 326190
Fax +91-1334-260981
email - bharat.samanvaya@yahoo.in

॥श्री कृपा॥

Master Seat :
HARIHAR ASHRAM
M.G. Road, Kankhal, Haridwar - 249 408 (Uttarakhand) INDIA
Phone : +91 1334 246974 • Fax : +91 1334 246973

दिनांक – 25.08.2020

– शुभकामना सन्देश –

प्रिय हर्षिता जी,
ॐ नमो नारायणाय !!

यह जानकर अत्यंत प्रसन्न हूँ कि आपके द्वारा काव्य–संग्रह प्रकाशित होने जा रहा है। आपकी कविताओं की विषय वस्तु, शब्द संयोजन एवं काव्य शिल्प प्रशंसनीय है। इसमें आपकी रचनाधर्मिता और साहित्यिक प्रतिभा प्रतिभासित है, यह एक सुखद अनुभव है।

साहित्य समाज का दर्पण होता है। वेद–उपनिषदों का दिव्य ज्ञान, महापुरुषों के जीवन प्रसंग, कला और संस्कृति से संबंधित अभिलेख तथा ज्ञान–विज्ञान की अनेक उत्कृष्ट विधाएं पुस्तकों द्वारा ही संरक्षित और सुरक्षित हैं, इसलिए साहित्य लेखन और सृजन भगवदीय कार्य ही हैं।

वर्तमान काल संस्कारों के क्षरण का काल है, जिसमें मनुष्य की रचनात्मक प्रवृत्तियों का ह्रास हो रहा है, मानव–मन में सृजन और पठन–पाठन की अभिरुचियाँ भी कम हो रही हैं। ऐसे में आपकी यह पुस्तक न केवल समाज में सकारात्मक साहित्य के प्रसार में सहायक सिद्ध होगी, अपितु लोकहित में सृजन की अभिरुचियों एवं पुस्तकों के पठन–पाठन की परम्परा को भी समृद्ध करेगी।

पुस्तक के प्रकाशन पर मेरी अनेक शुभकामनाएं !!

शुभेच्छु

(स्वामी अवधेशानन्द गिरि)

“रस-प्रवाह”- एक परिचय लेखक की कलम से

‘रस-प्रवाह’ समर्थ गुरु जूनापीठाधीश्वर आचार्य महामण्डलेश्वर स्वामी श्री अवधेशानन्द गिरि जी और इस सृष्टि के प्रथम गुरु शंकर जो महाकाल के रूप में अवन्तिका उज्जैन नगरी में विराजमान हैं, को समर्पित है।

सन 2006 मे मेरे लिखने की संभावना को पोषित करते हुए गुरुदेव ने बोला कि “लिखना चालू करो”।

इंजीनियरिंग के विद्यार्थी वाले मन ने उनके वाक्य को सुना, थोड़ी देर सोचा कभी कुछ लिखा और स्वयं को दूसरे कार्यों मे व्यस्त कर दिया। 2019 में फिर से मानस पटल पर गुरुदेव का वाक्य उभरा, “लिखना चालू करो”, जब श्रीमति रंजना शुक्ला जी द्वारा मेरे एक लेखन को ‘गुरू की कृपा’ बोलकर सराहा गया।

इस बार मैंने गुरुदेव और महाकाल का स्मरण किया और लिखना चालू किया। “रस-प्रवाह” एक लेखक के तौर पर मेरे अनुभव से ज्यादा अनुभूति है।

“रस-प्रवाह” अनुभूति है गुरुदेव स्वामी श्री अवधेशानंद गिरी जी और महाकालेश्वर की क्योंकि “रस-प्रवाह” इनकी कृपा का परिणाम है।

“रस-प्रवाह” कृपा साध्य है।

इस पुस्तक का नाम “रस-प्रवाह” भी गुरुदेव द्वारा दिया गया है। 2006 में बोला गया, “लिखना चालू करो”, वो एक वाक्य नहीं अपितु गुरु का एक आशीर्वाद था।

हर्षिता सोनी

पुस्तक समीक्षा

यह कविता संग्रह सर्वधर्म, जाति और प्रकृति के लोगों के लिये प्रेरणा स्रोत है। इस कविता संग्रह में कवि ने प्रकृति का गुणगान ईश्वर, इष्ट और अपने गुरु के प्रति अपनी भावना और प्रेम को व्यक्त किया है।

कवि ने अपने अनुभवों को शब्दों में समेट कर बहुत ही सुन्दर तरीके से प्रस्तुत किया है। मुझे इन कविताओं से एक नई सोच और प्रेरणा मिलती है।

यह कविता संग्रह कवि के अंतर मन की भावना की एक सुन्दर अभिव्यक्ति है।

श्रीमति रंजना शुक्ला
ग्रेन्ड मास्टर रैकी

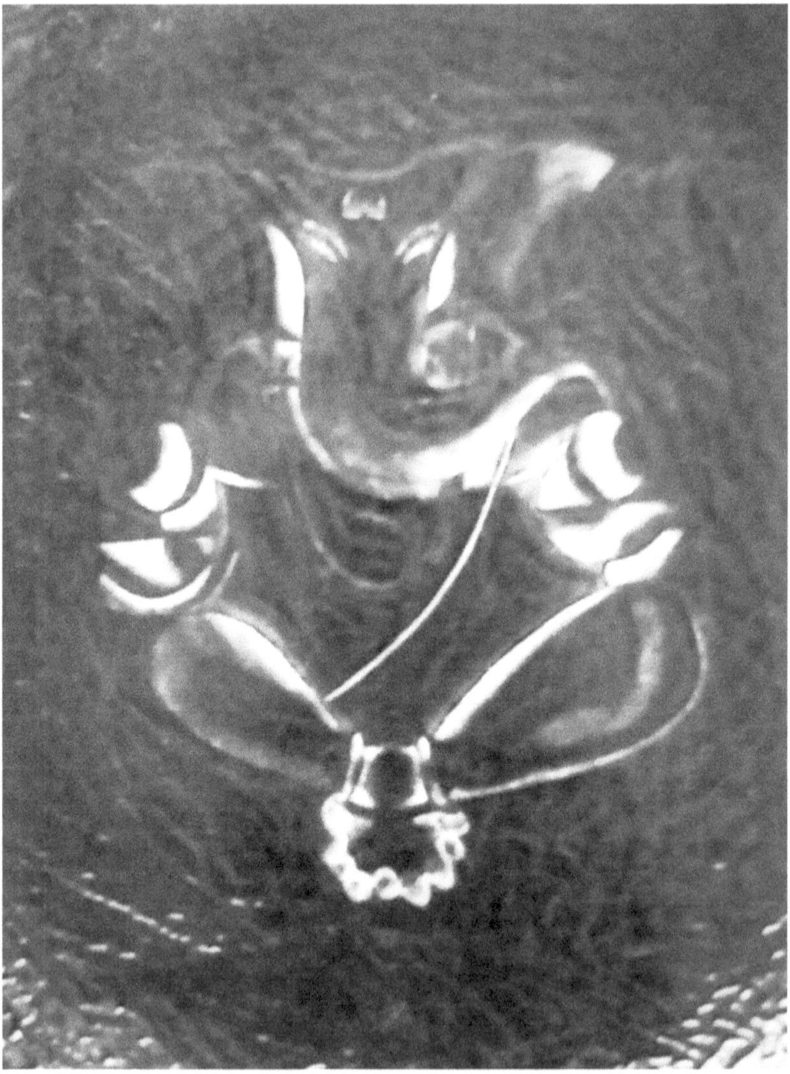

विषय सूची

1. आज फिर तुम से मिल आऊँ

है हृदय में उम्मीद की एक लौ कि आज
फिर तुम से मिल आऊँ,
है रास्ता अनभिज्ञ पर
इन रास्तों पर भी
तू कुछ साथ कुछ पास सा है।

एक झलक भी अगर
तू दिख जाए तो
तू मेरे हृदय में
कुछ उजास और
कुछ आस सा है।
पत्ता-पत्ता मेरे रास्ते पर
तेरी ही कहानी कहता है,
हर एक पंछी गुनगुनाता हुआ
तेरे करीब होने की निशानी देता है।

कुछ आए अवरोध इन रास्तों में,
मंजिल भी तू था,
इबादत भी तेरी,
मेरी हर मुश्किलों की शिकायत भी तेरी।

सुलझाता है तू हर उलझन
मेरे एक मौन के इशारे में,
मुझे कुछ खोने का डर नहीं
एक तुमको पाने में।

2. कुछ जागी सी मैं...
कुछ तुम्हारी सी मैं...

हजार सपने लिये तुम तक
मैं आती रही जाती रही,
कुछ सोई सी मैं,
कुछ खोई सी मैं।

भीड़ में मेरे वो बढ़ते कदम,
और उस हलचल के बीच में स्थित
तुम शांत सरोवर से मौन।

मेरे मन को तुम
कुछ पढ़ते हुए से लगे,
कभी मुस्कुराते से,
कभी सपने से
और कभी अपने से लगे।

तेरे दर पर आने का
न था मेरा कोई वजूद,
जिसको तू अपना ले,
वो कतरा भी समंदर सा लगे।

तेरा विराट वर्चस्व,
तेरा निर्मल प्रेम,
तेरा सतत् अनुभव,

मेरे सपनों से
झकझोर गया मुझको।

अब सिर्फ तुम्हारे लिये ही
मैं तुम तक
आती रही जाती रही
कुछ जागी सी मैं...
कुछ तुम्हारी सी मैं...

3. उनकी मौजूदगी

गजब की बात है
उनकी मौजूदगी में,
उनके दर पर जाकर
हम हमारे घर का
पता भूल जाते थे।

सोचा कि कभी कुछ दे कर आएँ,
उस लंबी कतार में एक फूल हम
भी उनके चरणों में चढ़ा आते थे।

मेरे डगमगाते कदमों के साथ
वो चलते रहे साए की तरह,
हर एक ठोकर के वक्त
मुझे थाम के वो उठाते रहे।

हमने भी एक-एक पन्ना रख दिया
खोल के जीवन की किताब का,
हर पन्ने से वो
मेरी कमजोरियाँ मिटाते रहे।

गगन से विराट और उदार बनकर
मौन में वो सतत् करूणा करते चले गये,
खुद विष पी कर नीलकंठ बन गये,
दूसरों की झोलियाँ अमृत से भरते चले गये।

एक आहट नहीं होने देते
खुद के उपकारों की,
हम जैसे बेखबर की
खबर भी वो लेते चले गए।

मिट जाते हम तूफानों में
एक तिनके की तरह
सच मानिये उन्हीं के कारण
हम जीते चले गये।

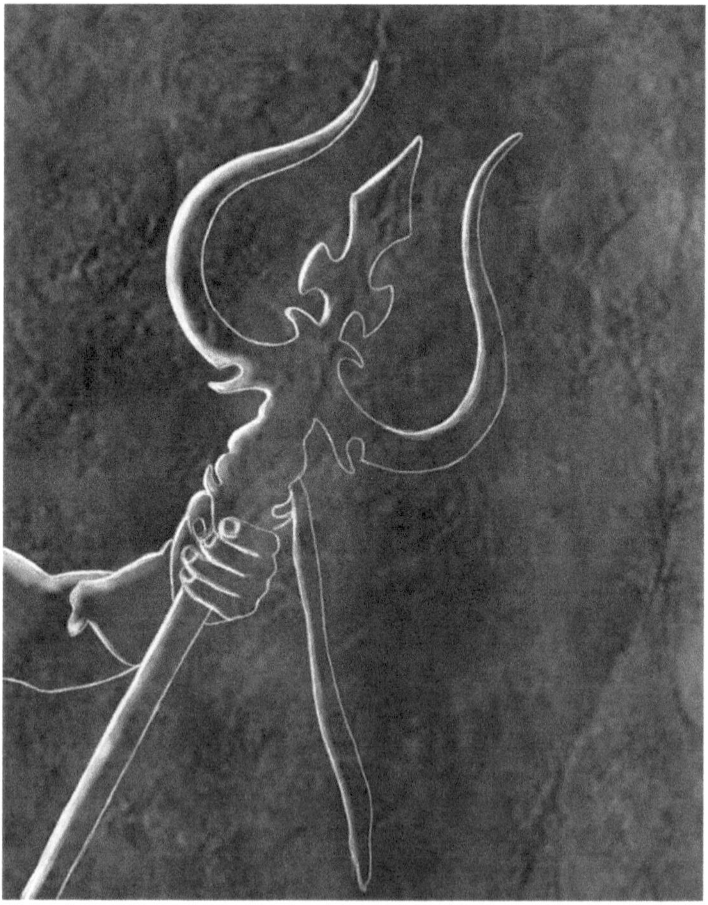

4. काल के ऊपर बैठे महाकाल से हो

उस दूर देश की खबर जो लाए
तुम ऐसे आगाज से हो,
हो नित नवीन नूतन फिर भी
प्राचीन धरोहर के सरताज से हो।

जब भी बालक की भाँति तुमको पुकारा,
तुम माँ के अनुराग से हो,
जीवन की विषम परिस्थितियों में
तुम कृष्ण की आवाज से हो।

अपने हृदय की गुफा में जब झाँका,
तुम तो अनहद नाद से हो,
बिना बोले सब दुख हर लेते,
तुम शिव के संहार से हो।

काल भी आकर कभी डाले जो डेरा,
तुम काल के ऊपर बैठे महाकाल से हो।

5. बन कर हर उत्तर अब तुम ही चमकना

सूर्य अपनी किरणें समेट ले जब,
शाम उम्मीदों की ढलने लगे जब,
रात्रि में घनघोर अंधेरा हो तब,
तुम मेरी आँखों में बसना।

आँधियाँ आकर घेर ले जब,
हवा का रुख विपरीत हो जब,
तुम मेरी साँसों में बसना।

पुकार प्राण की आए जब तुम तक,
हमारे देश से तुम्हारे देश तक,
आकर तुम प्राणों में बसना।

परदेस अगर बेगाना हो,
सब कुछ नया सा और अनजाना हो,
हृदय की लौ डगमगा जाए जब
तुम मेरे हृदय में बसना।

कुछ अस्तित्व नहीं है अब तुम बिन जब,
पुकार भी हमारी है अब एक सिर्फ तुम तक,
बन कर हर उत्तर अब तुम ही चमकना।

6. उनके सामने आ जाने से

उनके सामने आ जाने से
सदियों के किस्से एक
पल में सामने आ जाते हैं।

एक वो ही मौजूद होते हैं
चित्त की गहराइयों में
उस एकांत के साक्षी
और प्रदाता दोनों होकर,
सारी शिकायतें, हलचल
सब दरवाजे के
बाहर ही रह जाते हैं।

उनकी मौजूदगी का असर
इतना गहरा है
कि हर हृदय में
वो ही बस जाते हैं।

है वो शीतल अग्नि
जो भस्म करती है सारे विषाद,
है वो उम्मीद की लौ
जो जला देती है बुझते चिराग,
है वो नर रूप हरि
जो करते हैं प्राण का संचार
जब कभी प्राण हमारे हार जाते हैं।

7. उनकी सत्य जैसी संगत

नीला पीला लाल गुलाबी,
हर रंग फीका पड़ जाए
उनके सत्य जैसी संगत में।

जब रंग तुम्हारे फीके पड़ जाएँ,
उन रंगों को भी रंग ले जाना
आकर उनकी रंगत में।
उनसे प्रेम की दृष्टि ले जाना
आ कर उनकी संगत में।

हृदय जब व्याकुल हो जाए
और सूझे नहीं
कि कहाँ तुम उसके भाव धरो,
मत झांकना कभी इस हृदय में
कभी उस हृदय में।

उन भावों को अर्पण कर देना
उनके सत्य जैसी संगत में,
जब रंग तुम्हारे फीके पड़ जाएँ,
उन रंगों को भी रंग ले जाना
आकर उनकी रंगत में।

है विराट वो तुमको न सिर्फ
एक उजास देकर भेजेंगे,
उस उजास को पहचानने की
एक दृष्टि देकर भेजेंगे।
सच मानों तुमको वो स्वयं की
सृष्टि देकर भेजेंगे।

8. मेरा दीपक इन आंधियों के बीच क्यों न जले?

कैसी-कैसी अपनी तस्वीरें
सामने कर देता है वो,
अपनी कोमल गहन मौजूदगी में
हर पल एक नया सा संबल देता है वो,
मैं तो होती हूँ दूर कहीं पीछे,
सच मानिये हर वक्त मेरे आगे होता है वो।

बिखर जाते हैं जब उम्मीदों के मोती,
मेरी मुस्कुराहटों को चुन-चुन कर
प्रेम से पिरो देता है वो।

उनका वो शब्दों से सहलाना
मन को स्थिर सा कर दे,
मेरे हर कदम के आगे
वो एक कदम उसका चले,
है जब प्रकाश का पुंज मेरे साथ,
तो तुम ही बताओ मेरा दीपक इन
आंधियों के बीच क्यों न जले?

9. खोज हमारी खत्म होती सी दिखाई देती है

आपसे हमारा रिश्ता
इस युग का नहीं लगता,
पहली ही मुलाकात में
जो अपना सा लगे,
वो अनजाना हो नहीं सकता।

आपके चरणों का गुरुवर
हमारे हृदय में वास हो,
हो दूर कितने भी फिर भी
मेरी चेतना के आस-पास हो।

अंधकार में जब आपको पुकारा,
सूर्य बनकर प्रकट हो गये।
बिन बोले सब विष पी गये,
आप तो नीलकंठ हो गये।
सच कहूँ तो आप मेरी
सदियों की तलाश हो।

मेरे मन ने किसी और के गीत
अब गुनगुनाना छोड़ दिया,
इन आँखों ने एक गली से
दूसरी गली तक जाना छोड़ दिया,
कानों में आपकी आवाज जो आई
तो वाणी ने शोर मचाना छोड़ दिया।

खुद से आप तक की यात्रा में
न जाने कितनी चीजें मौन हो गईं,
भीतर के आकाश में जब झाँका
छवि आपकी ही दिखाई देती है,
राग द्वेष और मुश्किलें
दूर भागती सी दिखाई देती हैं।
आप तक आते ही खोज हमारी
खत्म होती सी दिखाई देती है।

10. एक बात उनकी ही

हमारी हर बातों में अब
एक बात उनकी ही,
नजर आते हुए हर शख्स में
अब मुलाकात उनकी ही।

हमारे हर सजदे में
हर एक अरदास उनकी ही
आँखें बंद कर के जो एकांत में बैठूँ
तो बस एक याद उनकी ही।

सोचा कि साँसों को
थोड़ा रुक कर देखूँ,
साँसों पर एक मंत्र की
छाप उनकी ही।
वाणी ने बहुत कुछ बोलना चाहा,
वाणी के मौन में भी
एक आवाज उनकी ही।

वक्त ने बोला कि
बहुत मंजर गुजर गये
आकर तेरे करीब से,
उन गुजरते हुए मंजरों में
जो थमी रही हर दम मेरे साथ
वो मुस्कुराहट उनकी ही।

हवाओं ने कहा,
बड़ी बेरुखी से बही मैं
तेरी हस्ती मिटाने को,
लेकिन तूझे महफूज रखने के लिये
वो दुआओं की एक बयार उनकी ही।

रास्ते के पत्थरों ने कहा,
ठोकर बन के तेरे कदमों
की हम चौकन्ने से हो जाते थे,
तुझे रास्ता दिखाने आई
हर बार वो एक आवाज उनकी ही।

11. उनकी हर बात में कुछ अलग बात होती है

उनकी हर बात में
कुछ अलग बात होती है,
वो अगर पास से भी गुजर जाए
तो बंदगी आपके पास होती है।

वो ठहर जाए एक पल भी
कुछ सुनने या सुनाने को,
सच मानिये उस पल में
आपकी खुदा से बात होती है।

बैठ जाएँ तो लगे
जीवित समाधि से हैं वो,
सूरज, चाँद, तारे खुद में
समेटे से लगते हैं वो,
पग-पग चले तो सारी कायनात
उनके साथ होती है,
उनकी हर बात में
कुछ अलग बात होती है।

उनसे रोशन है संसार
अनगिनत बसेरों का,
बखान क्या करूँ

लुप्त होते अंधेरों का,
उनके होने से अमावस भी
पूर्णिमा की रात होती है,
उनकी हर बात में
कुछ अलग बात होती है।

12. रूपांतरण हमारा भी हो जाए

उनके सामने आ जाने से
खड़ी हो गई ये कमजोरियाँ सारी,
वो भी उनके आने से
कुछ अच्छा कुछ सच्चा होना चाहती थी।

जिस बीज के आस-पास
वो मंडरा रही थी,
कहती थी कि कुछ हलचल हुई है
आज इस बीज में,
शायद टूटने की तैयारी है,
स्वयं को रूपांतरित करने की
आज हमारी भी बारी है।

ईर्ष्या मिट कर प्रेम बन गई,
क्रोध मिटा और करूणा बन गई,
रात्रि की आखिरी निशा कह गई
मेरा अंधकार अब बीती हुई रैन बन गई।

माना की बीज के आसपास
खूब मचाया था शोर कभी,
बीज का इंतजार उस बागबान के लिये
कहता था कि संघर्ष अभी जारी है,
उस बागबान के आते ही
बस टूटने की तैयारी है।

इस नये अंकुरण के नये सृजन के
साक्षी हम भी बन जाएँ,
तेरे बागबान की मौजूदगी में
आज हम भी मिट जाएँ,
हमारा सारा शोर शांत होकर
पोषण तेरा बन जाए,
आज रूपांतरण हमारा भी हो जाए।

13. कहीं भूल न जाना आने को

मेरे साथ न जाने कितनी आवाज
उठती है तुझे बुलाने को,
हे जीवन के प्राणाधार
कहीं भूल न जाना आने का।

वो कहते हैं कि,
एक पल भी
तू विलग हो नहीं सकता,
तू ही भीतर,
तू ही बाहर,
तू कभी खो नहीं सकता।

हो हर तरफ तुम फिर भी
क्यों न तुम्हारी मैं पुकार करूँ,
हर दम पुकारा लुप्त हुए सपनों को,
हे निकटतम,
अब तो गीत हृदय में तुम्हारा धरूँ।

आती-जाती लहरों की पुकार
स्थिर समंदर तो कभी सुनता होगा?
जो गुजर गई उसी के ऊपर से
इस पार से उस पार

अपना अस्तित्व मिटाने को,
उन लहरों की हर बूंद से पुकार
उठती है तुम्हें बुलाने को,
हे जीवन के प्राणाधार
कहीं भूल न जाना आने को।

तुमको देखे बिना ही गुजर जाएँ,
क्या तुम्हें ये अच्छा लगता होगा?
इस मृग-मरीचिका से संसार में,
कुछ तो सच्चा लगता होगा?

इन आँखों ने ढूंढा है तुम्हें हर बार
शुरू हो कर खत्म हुए इन फसानों में,
बस एक तुमको ही पाने को,
हे जीवन के प्राणाधार
कहीं भूल न जाना आने को।

इस रंग मंच पर आकर
निभा रहे हैं किरदार कई,
मिटते हुए किरदारों से उठकर
चलते रहे हर बार कहीं,
एक तुमको ही पाने को,
हर एक किरदार से उठती है
एक पुकार इस बार तुम्हें रिझाने को,
हे जीवन के प्राणाधार
कहीं भूल न जाना आने को।

वो कहते हैं कि हर पग पर
परीक्षा बड़ी तुम लेते हो,
जो पग बढ़ जाए तेरी ओर
उसको कसौटी पर

सोने सा कर देते हो।
तेरे सीधे-सीधे रास्तों पर
भटकाने वाले सिपाहियों के फेरे हैं,
कैसे अनदेखा कर दूं मैं उनको,
जो तेरे हैं वो मेरे हैं।

रास्ते के हर मंजर पर
हस्ताक्षर तेरे ही दिखते थे,
कभी तेरी सुंदरता के,
कभी तेरे भोलेपन के,
कुछ वो हमको ठगते से
और कुछ हम उनसे
ठगाते से दिखते थे।

तेरे रास्तों पर बढ़ गये
हम जान कर के
जो खुद को ठगाने को
हे जीवन के प्राणाधार
कहीं भूल न जाना आने को।

तेरे रास्तों के किनारों पर
बड़े सुंदर-सुंदर मेले हैं,
मेले में जाकर देखा
तुम्हारे इंतजार में
हम वहाँ पर भी अकेले हैं,
वो गुजरता हुआ मेला भी देखा,
चकाचौंध कर देने वाला
तेरी जादूगरी का डेरा भी देखा,

तेरा पता पूछने पर
उस मेले को मिटता हुआ भी देखा।
चलती हुई धड़कनों में
पदचाप तुम्हारे भी सुनाई देते थे,
फिर चल पड़े उसी आवाज के साथ
तुम्हारी ओर आने को,
हे जीवन के प्राणाधार
कहीं भूल न जाना आने को।

वो कहते हैं कि पल-पल की खबर
सबकी तुम रखते हो,
है हर वक्त सब पर तुम्हारी नजर,
हमारे सारे खेल तुम देखते हो,
इसी उम्मीद के साथ
कि तुम हर खेल हमारा देखोगे,
थोड़ी तो तैयारी कर लूँ
इस बार नये खेल में जाने को
न हार का भय,
न जीत की पुकार,
उतर गये जो मैदान में हम इस बार
एक तुम्हारी नजर पाने को,
हे जीवन के प्राणाधार
कहीं भूल न जाना आने को।

सुना है लुका-छुपी के खेल के
तुम भी बड़े खिलाड़ी हो,
देखो तुम ही जीतोगे
ये बात तो बिल्कुल पक्की है
तुम्हारी जीत में हम भी जीतेंगे
क्योंकि इंतजार की उम्मीद
हमारी भी सच्ची है।

हर खेल के पीछे है तुम्हारी मर्जी
कुछ जानने वाले कहते थे,
फिर देखे हैं हमने सारे खेल
एक तेरी मर्जी निभाने को,
हे जीवन के प्राणाधार
कहीं भूल न जाना आने को।

उस दूर देश की खबर लेकर
आखिर वो आ ही गए,
उनकी मौजूदगी
तेरे होने की निशानी थी,
वो तेरा सारा अस्तित्व
खुद में समेटे था,
इन आँखों से बाहर जो उनको देखा
वो भीतर की खबर भी दे देता था।

जब भी उनकी नजर पड़ी
तो आँखों में तेरा नूर पाया,
हे कमल नयन उन आँखों में
मैंने तुमको पूरा पाया।

''मैं हर पल तेरे साथ हूँ''
जिस दिन वो मुझको बोल गया,
चिंता, दुख, भय सबको
वो शहद के भीतर घोल गया।

राजाओं में सरताज सा दिखता है,
हमको वो तेरे राज सा दिखता है,
है फकीरी भी उनकी ऐसी निराली
कि हर अमीर भी उनके मोहताज सर दिखता है।

शंकर ऐसा लगता है अपने भोलेपन का
सारा खजाना तूने उन पर लुटाया है,
हे योगीश्वर तुम्हारे तप के जैसा
एक निश्चल योगी आया है।

उनके आते ही पुकार
पहुँचती सी दिखाई देती है,
मेले की हलचल
चुप होती सी दिखाई देती है,
उनकी हर बात में अब बात
तेरी ही सुनाई देती है।

"मैं तेरा हूँ"
जिस दिन वो
मुझको ऐसा बोल गया,
इस जीवन को जीने का
अंदाज वो आकर खोल गया।
जीवन की हर धूप में और छाँव में
जब भी उनको बुलाया है,
सारे कालों को लांघ कर 'महाकाल'
वो तेरे रूप में हर बार आया है।

पल-पल की खबर मेरी
वो दिन-रात रखता है,
मैं भूल भी जाऊँ तो भी
वो मेरी याद रखता है।

मिट्टी में खाक हो जाएँ तो फिर से
जीवन के फूल खिलाता है,
वो ऐसा बागबान है
जो गुलिस्तान बनाता है।

अनजाने रास्तों पर चलते हुए
कुछ पथरीले मोड़ भी आए,
हर रास्ते पर
वो मुझे चलना सिखाता है।

कभी ठोकर लग जाए
तो है बड़ा माहिर,
मेरे गिरने के पहले
वो मुझे थाम जाता है।

''मन्नते'', ''कसमें'' और ''वादे''
जरा उनसे मिल के तुम भी आ जाना,
बिना बोले वो अनकहे वादे निभाता है।

14. मिट्टी

सुना है खो ही जाएंगे
तुमको पाने में लेकिन,
तुझे मिलके खोना भी पाना है,
कुछ और पाना है मिट्टी।

कभी ये प्राण,
कभी ये मन,
कभी ये दिल सजाया है।

कभी फूलों से,
कभी गीतों से,
कभी आँखों से बुलाया है।

अगर ये गीत तुझ तक
पहुँच गये तो हैं काबिल,
अगर न पहुँचे
तो हमारे लिये
ये भी है मिट्टी।

इस बार आ ही जाना तुम
हर रास्ता सजाया है।
वरना है अभी मिट्टी,
हो जाएंगे फिर मिट्टी।

जमीन पर रोज मुलाकातों के
ताने बाने हैं,
सुना है इस जमीन के बाद भी
हमारे तुम से नाते हैं,

तुमको खो कर ही आए हैं,
तुमको फिर से पाने को,
ये तो सिर्फ तुम ही जानते हो
कि बीच में इतने पर्दे क्यों लगाये हैं?

जहाँ तुम्हारा जिक्र नहीं
वहाँ हम भी अधूरी बात करते हैं,
जिस घर में तेरी पहचान नहीं
वहाँ हम भी अधूरी मुलाकात करते हैं,
हर बात, हर मुलाकात
पूरी करनी हो
तो सुन आजा,
तेरी एक झलक के लिये
तुझ से ही फरियाद करते हैं।

15. एकांत

एक एकांत है आकाश जैसा,
पुकार आकाश के पार तक की
करता है।
हमारी प्रार्थना और इंतजार के बाद
ये भी तुम तक पहुँचने की मौन
पुकार करता है।

शब्दों के अभाव में भी
गहरा बहुत है।
अपनी गइराई के साथ
उस ऊँचाई को आमंत्रित करता है।
आगे के अनजाने से आयाम
शायद तुम अपने ईशारों से खोल दो,
इसी प्रतीक्षा के साथ
शंकर के द्वार के बाहर बैठे
नंदी के जैसे
तुम्हारी प्रतीक्षा करता है।

16. आज रुक कर पहली बार शायद तुमने मुझे देखा है

आज रुक कर पहली बार
शायद तुमने मुझे देखा है।
बाहर के जाने-माने रास्तों पर
तो आँखें बंद कर के
कल भी चल रहे थे तुम,
आज अंदर की इन अनजानी सी
लेकिन अपनी सी
गलियों में आँखें खोलकर
आज तुमने मुझे देखा है।

मेरे शब्द इतने निर्दोष होकर
तेरे इतने करीब थे,
जो बिना काबिलियत के
तुझे खजाना दे दिया
और तुम समझे कि
वो सारे कीमती तोहफे
एकदम गरीब थे।

तुझको बाहर जाता देख
कितनी सदियों से मैं अंदर
अकेला सा रहा,

तेरे लौटने की उम्मीद में
मैं भी तो इंतजार में रहा।

थमे हैं तेरे जो कदम
तेरे घर के आंगन में,
अपने भीतर के घर की भी रौनक को
आज तुमने शायद देखा है,
आज रुक कर पहली बार
शायद तुमने मुझे देखा है।

अपनी बनाई हुई सी भाषा में
तूने अपनी तरह से मुझ मौन
और अव्यक्त को व्यक्त किया
छोड़ दिया तूने वो हर किस्सा
जो बिना भाषा के मैंने तुझ से कहा।

वायु सा बह गया मैं
तेरे इतने करीब से
और सीमट गया सांझ के
सूरज की तरह
उस दूर क्षीतिज पे।

तुम्हारे मन, बुद्धि, समझ
और इच्छाओं के परे भी
एक मेरा अनजाना अस्तित्व स्वीकारते हुए
मैंने आज तुमको देखा है।
अपने विचारों को फिर से प्रज्वलित करते हुए
आज मैंने फिर तुमको देखा है।

आज रुक कर पहली बार
शायद तुमने मुझे देखा है।

निर्दोष चेतना हूँ मैं,
विभाजित हुआ हूँ सब में
फिर भी एक सा हूँ मैं।

जितनी तेरी जीत में
मैं तेरे साथ हूँ,
उतनी ही तेरी हार में
भी पास हूँ मैं।

है जुड़ा हर तार
हर हृदय का मेरी इस
एक चेतना के धागे में,
इसलिये ही तेरा हृदय भी स्पंदित होता
किसी दूसरे हृदय के स्पंदन से।
मैं तो अखंण्ड हूँ,
जाग जा और छू ले मुझे,
तेरी जागृति से तुझमें
रूपांतरण होते हुए
मैंने देखा है।

सुन इस स्पंदन को
जो तुझमें आज उठता है,
हाँ मैंने आज तेरे हृदय को
दूसरे हृदय के लिये
स्पंदित होते देखा है।
आज रुक कर पहली बार
शायद तुमने मुझे देखा है।

17. उसके हृदय की बात फिर से... जानने का मन करता है

आज उसके और अपने बीच के आयामों को
फिर से टटोलने का मन करता है।

इतनी सुंदर सी रचना बना कर
उसने कुछ तो सोचा होगा!
आज उसके हृदय की बात
फिर से जानने का मन करता है।
उस घर से कुछ सामान देकर
इस घर पर जो उसने भेजा है,
बंद पड़ा है जो बरसों से,
आज उस सामान को
फिर से खोलने का मन करता है!
आज उसके हृदय की बात
फिर से जानने का मन करता है।

इस बार यात्रा पर निकलने से पहले
कुछ तो उसने बोला होगा,
उसकी भूली हुई हर बात को,
फिर से याद करने का मन करता है!
आज उसके हृदय की बात
फिर से जानने का मन करता है।

है वो संपूर्ण उसने तो
सर्वस्व अपना दे ही दिया,

आज उसके सर्वस्व में
अपने झरोखे को
खोलने का मन करता है,
आज उसके हृदय की बात
फिर से जानने का मन करता है।

कुछ जगह तो उसने छोड़ी होगी
उसके साथ बातों और मुलाकातों की,
आज फिर मुड़कर,
उस जगह को ढूंढकर
फिर वहीं से शुरू करने
का मन करता है,
आज उसके हृदय की बात
फिर से जानने का मन करता है।

18. आज कुछ अपने से बड़ा कर जाएँ

है सीमित सी ये दुनिया
अनगिनत संभावनाओं से असीमित
सी ये लगती है
जिस रास्ते को हम अपनाएँ
उसकी अपनी कुछ नियति होगी,
आओ आज अपने कुछ रास्तों को बदलें
कुछ नये रास्ते अपनाएँ,
आज कुछ अपने से बड़ा सोचें,
आज कुछ अपने से बड़ा कर जाएँ।

उसको हर बार सोचा है
इन आते-जाते विचारों से,
हर बात को उसकी आधा समझा,
हर समझ के साथ वो नया
सा होता चला जाता है।
आओ आज अपने विचारों को
एक नई दृष्टि दे आएँ।

हर अधूरी चीज जिससे पूर्ण हुई है,
आओ आज उसकी पूर्णता को
आमंत्रित कर आएँ,
आज कुछ अपने से बड़ा सोचें,
आज कुछ अपने से बड़ा कर जाएँ।

कितनी बार भी उसको बोलना चाहें,
वो छूट-छूट सा जाता है,
आओ आज उसके पास बैठें,

आज उसको सुन आएँ,
आज कुछ अपने से बड़ा सोचें,
आज कुछ अपने से बड़ा कर जाएँ।

हर बार इस धरती की समझ से
उस आसमान को समझना चाहा है,
आओ आज उस आसमान की समझ को
इस धरती पर नीचे ऊतार लाएँ।
हो सकता है वो समझ
कुछ अनजानी और नई सी होगी,
आओ आज उसके तरीके
इस धरती पर अपनाएँ,
आज कुछ अपने से बड़ा सोचें,
आज कुछ अपने से बड़ा कर जाएँ।

19. तुम अब अपने स्वभाव में लगते हो

मन और हृदय के धरातल पर उतरकर
आज मैंने कुछ बात की।

मन के धरातल पर पूछा कि
कई खिलौने हम ऐसे ही
तुमको दिया करते थे,
शायद तुम्हारा समय हम
ऐसे ही निकाला करते थे।

ये ईर्ष्या और द्वेष तो
तुम्हारे लिये कचरे थे,
जो चीजें बाहर फेंकने की थी,
वो भी तुमको दिया करते थे।

जो भी तुमको मैं दूँ,
उसका तुम विस्तार करते हो,
शायद हम ही तुमको
कुछ छोटी निर्धन सी चीजें
दिया करते थे।

तुम खाली होकर आज फिर
मालामाल से लगते हो,
हाँ तुम अब अपने स्वभाव में लगते हो।

हृदय के धरातल पर पूछा कि
प्रेम के गीत गाना
तुम्हारा ही तो काम था,
प्रेम के सुंदरतम् नाम के पीछे
तुमको हम क्यों आहत सा करते थे।

जो भी खजाना तुमको हम दे दें,
तुम उसको बाँटने में सक्षम हो,
हम तुमको कभी मांगने के कौतूहल में
व्यर्थ ही लगाया करते थे।
आज तुम चुप हो कर भी
मालामाल से लगते हो,
हाँ तुम अब अपने स्वभाव में लगते हो।

हर आती-जाती चीजों की ध्वनियाँ
क्यों तुम में अंदर भेजी जाएँ?
सारी चीजों की उम्मीदें क्यों तुमको सौंपी जाएँ?
अपने स्वभाव में तुमको भी तो रहने दिया जाए।

सृष्टि अगर दृष्टि से बनती
तो अपनी परिकल्पना से
सृजन को आमंत्रण दे कर आएँ।
मन और हृदय को
अपने स्वभाव में रखकर
आओ नया सृजन कर जाएँ।

20. सृजन स्वयं भी करना होगा

जो कुछ भी विशाल सा और अनंत है,
वो अपने मन से थोड़ा झुक जाता है,
थोड़ा बँट जाता है।

अपने छोटे-छोटे पूरे रूपों में
शायद वो अपनी विविधता
आसानी से जान जाता है।

चलता रहे ये खेल उसका
और निभा ले वो किरदार
एक दम असली जैसा,
इसलिए वो सर्वस्व भी बँटकर
अपनी इच्छा से स्वयं को भूल जाता है।
निराकार साकार होने के लिये
और स्वयं को जानने के लिये
चेतना के साथ संगम बनाता है।

प्रकृति की सुंदर रचना की भी
कुछ तो जिम्मेदारियाँ होंगी,
कुछ चीजें प्रकृति के साथ
रचना को भी रचनी होंगी,
स्वयं के विकास की ओर
अब तो बढ़ना होगा।
अब प्रकृति की संरचना में
सृजन स्वयं भी करना होगा।

21. तू क्यों जीवन के पार निकल लेता है

एक स्वतंत्र परिवेश में जब वो
पूरा साम्राज्य देकर भेज दे,
अपने स्वर्ग को ढूंढ़ने के लिये फिर भी
तू क्यों जीवन के पार निकल लेता है।

उसकी दी हुई स्वतंत्रता में,
आओ आज जरा सैर करके आते हैं...

हमने हर बार उसके रूप को गढ़ा
और हर रूप में कुछ उसके गुणों को बांधा है।
क्या उसने तेरे रूप में
परिवर्तन तुमसे कभी मांगा है?

तुम्हारी दृष्टि में वो
संपूर्णता से भरपूर खजाना है,
उसकी दृष्टि से खुद को
क्या तुमने कभी देखा है?
आओ आज उसकी दृष्टि में
अपना रूप देख के आते हैं।

उसकी सुंदरता के गीत
बोलो में गाऊँ कैसे?
जिसने तुमसे कुछ भी नहीं मांगा,
उसको इन शब्दों में लाऊँ कैसे?

उसकी स्वतंत्रता के किस्से
लेकिन आज गाने होंगे,
अपने साम्राज्य को तुम जो भूले बैठे,
तुमको वो फिर सुनाने होंगे!

उसके रास्ते पर चलने की
तुम्हारी पूरी स्वतंत्रता है,
अगर तुम उसका रास्ता बदल लो
तो ये भी तुम्हारी ही इच्छा है।

तुम उसके आज्ञाकारी बन जाओ
वो भी तुम्हारी स्वतंत्रता है,
विद्रोह की तैयारी करके
उससे दूर निकल जाओ,
तो ये भी तुम्हारी ही इच्छा है।

तुम्हारी उसके लिए आस्था हो,
इसकी भी तुमको पूरी स्वतंत्रता है
और तुम उसको
अनजाना समझकर न देखो
ये भी तुम्हारी ही इच्छा है।

हाँ तुम स्वाभाविक से होकर
सही चुनाव कर सकते हो!
तुम्हारे हर चुनाव की तुमको
पूरी स्वतंत्रता है।

तुम्हारे हर चुनाव के साथ
उसका अपना परिणाम होगा।
तुम्हारे हर चुनाव का परिणाम
जो होना है, फिर वो ही होगा।

22. वो और मैं

मैं चलूँ तो वो भी चल दिया,
मैं ठहरूँ तो वो भी ठहर गया,
मैं जानूँ तो वो भी जान गया,
मैं भूलूँ तो वो भी भूल गया,
मैं गाऊँ तो वो गुनगुना भी गया,
मैं चुप होऊँ तो वो मौन रह भी गया,

मैं दुखी हो जाऊँ तो वो भी दुखी हो गया,
मैं हँस दूँ तो वो मुस्कुरा भी गया,

देखो वो हमारे भीतर स्वयं की खोज करता है,
देखो वो हमारे भीतर स्वयं से योग करता है,
उस उठती हुई चेतना में
वो स्वयं से साक्षात्कार करता है।

23. उसको अपने गीत गुनगुनाने दो

इन दरवाजों को खोलने में
शायद हमारी ही कमी होगी,
इस घर की खिड़कियाँ
कुछ हमको भी खोलनी होंगी।

वो प्रेम बन के हो आसपास
तो थोड़ा तो श्रृंगार करो,
अपने दरवाजे की दहलीजों पर
रंगों से कुछ तो सुंदर गढ़ो।

तुम रास्ता ही न दो तो बोलो
अंदर कैसे आया जाए?
सदियों से बंद पड़े हो,
इस घर को थोड़ा खोल दिया जाए।

थोड़ा खाली कर दो खुद को,
इन फुरसत के ताने-बाने से,
जुड़ जाए हर तार तुम्हारा
अब उसी के तराने से।

जो है हर पल आसपास
उसको अब भीतर आने दो।
तुम्हारे भीतर उसको अब
अपने गीत गुनगुनाने दो।

24. तुम हर काम बेमिसाल सा करते हो

तुम्हारी एक जगह को छोड़कर
जाने कहाँ-कहाँ थे हम।

सुबह में शाम का इंतजार करते,
शाम को रात्रि में बदलते,
निशाओं में फिर सबेरे को तकते,
बस उस एक जगह को छोड़कर
हर जगह थे हम।

आसपास तुम्हारे होने की खबर
तो पक्की सी लगती थी,
तुमको हर बार याद करके
भूला करते थे हम।

ऐसे निर्भयता से
इन रास्तों को पार करना
तुम्हारे बिना संभव भी न था,
एक बार तो कह देते
कि तुम भी वहीं थे
जहाँ-जहाँ थे हम।

साथी बनकर सफर भी करते हो,
मंजिल बनकर इंतजार भी करते हो,
क्या बोलूँ तुमसे मिलने पर,
तुम तो हर काम
बेमिसाल सा करते हो।

25. मेरे पास बस तू ही सबसे भारी है

माना कि तुम चुप रह कर भी
कहते हो, सुनते हो, देखते हो,
हो सबसे पास फिर भी
उस दूर देश के दिखते हो।

तुम्हारे आने से वो ऊँचाइयाँ
भी कुछ मेरी धरती पर
उतरती सी दिखती है,
इस धरती की चेतना
तुम्हारे आकाश की तरफ
उठती सी दिखती है।

देखो एक तुम्हारे भरोसे पर
इस धरती पर बहुत कुछ छोड़ा है,
जिसने जहाँ रुकना चाहा
उसको वहीं पर
बिना आहट के जोड़ा है।

हो रास्ता कितना भी कठिन,
ये भी सच है कि जब से
मेरा हाथ तुमने पकड़ा है,
तुम भी सतत् चले हो मेरे साथ,
इस हाथ को तुमने
एक पल के लिये नहीं छोड़ा है।

जिसके साथ तुम हो,
वो किसी और से कुछ मांगे भी कैसे?
जिसका हर वादा तुमने निभाया,
वो किसी और से उम्मीद लगाए भी कैसे?

साथी बनकर साथ चलते हो,
दुर्गा बनकर दुर्गति का
नाश करते हो,
जब कहीं थक कर बैठ जाऊँ,
तो सच में तुम माँ बनकर
मेरा हर काम करते हो।

एक तेरे भरोसे पर
ये चलना, रुकना, थकना
सब जारी है,
ये बात भी याद रखना
कि मेरे पास
बस तू ही सबसे भारी है...

26. तुम्हारे सपनों को मैं अब अपने सपने कर लूंगा

तुम बोलो तो तुम्हारे सपनों को
मैं अब अपने सपने कर लूंगा
मेरा दीपक तुम्हारी ज्योति की
आस में तकता रहता है
इस तिमिर को मिटाने को
मैं अब तुम्हारी ज्योति का आश्रय लूंगा।
तुम बोलो तो तुम्हारे सपनों को
मैं अब अपने सपने कर लूंगा

माना कि अपने भीतर तुम्हारी
जगह भी बनानी है,
तुमको जो कुछ पसंद नहीं
वो सारी चीजें तज दूंगा,
तुम बोलो तो तुम्हारे सपनों को
मैं अब अपने सपने कर लूंगा।

हाँ सूरज के पीछे-पीछे
निशा भी आ जाती है,
हाँ तेरी ओर चलूं तो
व्याधियां भी आ जाती हैं।
हर अनजानी मुश्किलों में,
मैं फिर तेरा हाथ पकड़ लूंगा।
तुम बोलो तो तुम्हारे सपनों को
मैं अब अपने सपने कर लूंगा।

27. एक दिव्य कमल से वो चरण तुम्हारे

इस मानसपटल के पन्नों पर
एक दिव्य कमल से वो चरण तुम्हारे।
कुछ रंग यहीं पर बिखेरते हुए
तेजस्वी से वो नयन तुम्हारे

हे दुर्गा इस पृथ्वी पर नव शक्ति का
संचार हो तुम...
अपरिचित सी बाधा को मिटाने वाली वो
तलवार हो तुम
शत्रुओं के बीच घिरे तो सिंह की हुंकार हो तुम

टूट जाने के क्षणों में नव निर्माण का आधार हो तुम
कुछ सुनहरा रचने को आतुर स्वर्ण से वो हस्त तुम्हारे
इस मानसपटल के पन्नों पर
एक दिव्य कमल से वो चरण तुम्हारे

❑❑❑